LE R. P. FISSIAUX

ÉTUDE BIOGRAPHIQUE

PAR

M. L'ABBÉ PAYAN D'AUGERY

Vicaire-Général de Marseille

NIMES

IMPRIMERIE TYPOGRAPHIQUE LAFARE FRÈRES

1, square de la Couronne, 1

1886

LE

R. P. FISSIAUX

LE

R. P. FISSIAUX

ÉTUDE BIOGRAPHIQUE

PAR

M. L'ABBÉ PAYAN D'AUGERY

Vicaire-Général de Marseille

NIMES

IMPRIMERIE TYPOGRAPHIQUE LAFARE FRÈRES

1, square de la Couronne, 1

1886

*Le 17 janvier 1886, jour où l'*Œuvre des Dames de la Providence pour les Filles pauvres ORPHELINES DU CHOLÉRA *fêtait le cinquantième anniversaire de sa fondation*, M. l'Abbé PAYAN D'AUGERY, *vicaire-général de Marseille et successeur du* R. P. FISSIAUX, *a donné lecture de cette étude, en présence de* Mgr ROBERT, *évêque de Marseille, et des Dames associées.*

Quel siècle a poussé plus loin que le nôtre la manie des statues ? la pierre, le marbre, l'airain ont été mis à contribution pour perpétuer, jusque dans les moindres villages et sur les plages les plus solitaires, le souvenir d'illustrations à grandeur discutable. La haine religieuse s'en est même servie pour grossir l'armée de ses sectaires, des hommes de bronze ou d'argile qui, depuis longtemps couchés sous la dalle du sépulcre, attestaient cependant le triomphe de l'éternité divine sur les révoltes de l'incroyance. Pourquoi cette éclosion de statues ! Ne répondrait-elle pas à cette désespérante facilité avec laquelle, de nos jours on oublie, et contre laquelle protestent ces revenants de pierre en s'imposant comme par force au regard et au souvenir?

Rassurez-vous, amis et bienfaiteurs de cette maison, les eaux du Léthé ne coulent point dans notre pieux asile de la Providence; ici on garde la mémoire, vous en avez eu souvent la preuve et nos enfants vont, je l'espère, vous la donner plus éloquemment encore. Leurs cœurs sont comme autant de pierres vivantes qu'a formées la reconnaissance et sur lesquelles sont burinés les noms de ceux qui les ont assistés à l'heure de leur détresse et maternellement abrités dans cette enceinte.

Parmi ces noms il en est un qui domine ce cinquantième anniversaire de la fondation, et la fête à laquelle vous daignez prendre part nous semblerait fort incomplète, si nous ne le faisions retentir bien haut, car en lui s'est personnifiée pendant plus de trente ans votre œuvre admirable que la voix populaire s'obstine à n'appeler que de son nom.

Ce nom c'est celui de M. l'abbé Charles Fissiaux, ou mieux, comme on aime à le répéter ici avec les élans de la gratitude filiale, du bon Père Fissiaux.

Permettez-moi de vous redire ce qu'il fut pour notre œuvre, le continuel objet de ses sollicitudes, pour l'Église, qu'il ne cessa d'honorer par un ministère aussi actif que singulier.

Le 26 juillet 1806 naissait à Aix celui à qui, 23 ans plus tard, Mgr de Mazenod devait conférer la tonsure, le 4 avril 1829. Ce premier pas qui le faisait entrer dans la cléricature l'attacha à un degré on ne peut plus intime à l'évêque de Marseille. Les pasteurs des âmes ont parfois des illuminations subites, Dieu leur révèle la beauté de certaines âmes et ses desseins sur elles ; ainsi en fut-il pour les rapports du vénéré prélat avec le jeune séminariste auquel, le 13 juin il donnait les Ordres-Mineurs, et le 29 juin 1830 le Sous-Diaconat. Tandis que les soldats de la France se précipitaient à la conquête de l'Algérie, pour venger l'honneur de la patrie offensée, il entrait généreusement dans la lice pour défendre l'Église et conquérir l'âme des pauvres.

Aux vacances de septembre, le 8, il recevait le Diaconat et, un an après, le 17 décembre 1831, il devenait prêtre. Un autre à ses côtés reçut, à la même heure, l'onction sacrée; à eux deux ils étaient les seules recrues de l'armée lévitique dans notre diocèse, mais si on a pu dire qu'en Saint-Cassien on voyait tout un monastère, quelle acquisition dans ces prêtres aurait pu saluer l'Église de Marseille si elle les eût alors connus, l'un l'abbé Fissiaux, l'autre l'abbé Barrelle, frère du jésuite de sainte et vénérée mémoire.

Le 1er février 1833, M. Falen, le sage et si pieux curé de Saint-Ferréol, accueillait avec joie, comme vicaire, M. l'abbé Fissiaux.

Moins de deux ans après, le choléra de 1835 fournissait au jeune vicaire l'occasion de se prodiguer au chevet des malades et d'intervenir providentiellement dans l'organisation de votre œuvre. D'autres vous diront plus au long cette page de sa vie, je me borne à la jalonner par quelques dates importantes.

Le 5 avril 1835, Mgr Charles-Fortuné de Mazenod convoque à l'évêché les Dames les plus distinguées de la société Marseillaise, il les électrise et leur fait adopter, en principe, la fondation d'un orphelinat pour les enfants devenus orphelins de père ou de mère, à la suite de l'épidémie : à cette assemblée dont Mgr d'Icosie fait les honneurs avec une grâce parfaite, assistent M. l'abbé Pontier, vicaire à Saint-Vincent de Paul et M. l'abbé Fissiaux. Pourquoi donc d'aussi jeunes prêtres dans une telle réunion? C'est que leur zèle n'est un secret pour personne; leur influence est déjà solidement assise et leur amour vraiment fraternel doublera les ardeurs de leur énergie, prête à ne reculer devant aucun obstacle. Ne vous étonnez donc pas que dès cette première séance ils reçoivent en commun le titre de directeurs de l'œuvre naissante.

Mgr d'Icosie a déjà trouvé et loué un local provisoire, c'est dans la rue du Laurier, à l'angle formé aujourd'hui par la rencontre des rues Curiol et de la Bibliothèque. La sainte Vierge n'est point étrangère à ce choix, elle qui doit tant aimer notre Maison de *la Sainte-Famille* : là, les Augustins Réformés lui avaient élevé un gracieux ermitage sous le nom de Notre-Dame du Mont-Serrat ; là naguère, les prêtres du Bon-Pasteur avaient recueilli les prémices de la jeunesse ardente, groupée aujourd'hui dans l'œuvre de M. Allemand ; cet emplacement était donc déjà béni par la prière des saints, avant de recevoir les cérémonies liturgiques. Le 19 mai 1835 douze orphelines vinrent en prendre possession, sous la tutelle des sœurs du Saint-Nom de Jésus.

Décembre commençait à peine et déjà l'œuvre comptait 80 orphelines et 250 dames protectrices. « C'est Fissiaux qui fait tout cela, ne cessait de répéter le modeste abbé Pontier. » L'encombrement devenait extrême, il fallait y pourvoir et c'est encore M. Fissiaux qui s'en occupe.

Le 30 novembre, le Conseil le charge de chercher un local à acquérir, en vue d'une installation définitive ; le 5 janvier 1836, non-seulement il a trouvé celui qui nous réunit rue d'Isoard, mais il en a signé l'acquisition avec M. Pontier.

Ce local, il faut le payer, mais n'ayez crainte; M.

Fissiaux est là : il propose une émission d'actions en vue de solder le terrain et la bâtisse à élever. Nous ne le suivrons pas dans ses incessantes visites, dans lesquelles on ne sait que plus admirer, de son dévoûment pour sa nouvelle famille ou du charme et de la distinction de ses discours; trois mois après, le 5 avril, il présente 500 actions, souscrites et la reconnaissance des conseillers faisant écho à M. Pontier s'écrie : « C'est M. Fissiaux seul qui a fait tout cela. »

En vue de lui rendre plus facile la direction de son œuvre, il est transféré, le 27 avril, de Saint-Ferréol à la paroisse Saint-Vincent de Paul comme vicaire ; c'est en cette qualité, qu'au nom du conseil d'administration, il transforme en acte public le sous-seing privé qui l'avait rendu propriétaire nominal de l'immeuble.

A son gré, les maçons se montrent trop lents à bâtir, il les harcelle, il presse l'entrepreneur, et aussi, moins d'un an après, le 9 février 1837, son intéressante et nombreuse famille peut venir prendre possession des murs qui nous abritent. 150 orphelines se mettent en procession pour se rendre au domicile tant désiré : les messieurs de la Providence, avec leurs enfants, ont tenu à grossir cet intéressant cortège que les sympathies saluent tout le long du chemin. C'est M. Fissiaux qui le préside et quand la première enfant franchit le seuil de ce toit hospitalier : « Chantons le *Magnificat*, s'écrie-t-il. Pour vous nourrir et pour vous aimer, sachez, mes enfants, que la société marseillaise, vous a déjà trouvé 400 mères ». Sa modestie voulait taire que c'était lui qui les avait cherchées !

Trop d'affections et trop de besoins le réclamaient désormais, il résigne ses fonctions vicariales. « Je suis un rouage inutile, dit M. Pontier, M. Fissiaux en vaut dix », et il se retire. M. Fissiaux reçoit de l'évêché le titre d'aumônier de la Providence (1er mars 1837) et dès cette heure mesdames, votre maison devient sa maison, comme son œuvre est devenue votre œuvre : Il y aura sa chambre, son couvert, et il sera partout, multipliant sa surveillance et sa sollicitude.

Je dis bien, il est partout ; il court dans les magasins de la ville et va solliciter de l'ouvrage pour ses 150 orphelines : apprend-t-il qu'un mariage se projète, il se présente et réclame pour ses enfants la confection du trousseau. Il entre en relation avec des maisons lyonnaises et pour utiliser les ouvrières inhabiles à la couture il en applique cinquante au devidage de la soie. C'est pour faciliter ce travail de condition qu'il accroit la bâtisse actuelle de la construction transformée aujourd'hui en salle d'asile.

Pour les plus habiles, il les forme à la broderie sur or, et prend en adjudication les riches passementeries des uniformes de la marine.

Par ces tentatives diverses vous apparaît, dès les premiers temps, la nature si féconde en ressources du P. Fissiaux. Il tente tout, il essaie tout, il croit tout réalisable.

Il sort à peine des angoisses et des ennuis d'une fondation difficile que, sans hésiter, il en entreprend une autre plus difficile encore. En 1839 il ouvre, sous le nom de *Maison de la Madeleine* un asile de correction pour les femmes, rue de la Fare : c'est que dans ses rapports incessants à l'orphelinat avec les enfants du peuple, si la dégradation de plusieurs l'ont navré, la possibilité de rétablir le règne de la grâce s'est révélée à lui avec un irrésistible attrait ; il a eu pitié du peuple, victime le plus souvent des erreurs systématiques de ceux qui l'exploitent et qui pèche moins par malice que par ignorance. C'est afin de combattre cette ignorance, qu'il appelle pour le seconder, dans ce ministère de moralisation, les pieuses sœurs de Saint-Joseph-de-Bourg : la manière admirable dont, dès la première heure, elles répondent à sa confiance, leur vaudra, avant peu de devenir les précieuses auxiliaires de toutes ses entreprises.

Cette année 1839 devait être féconde et le 4 mars, ce prêtre de 35 ans qui ne doutait de rien, parce qu'il avait expérimenté les deux grands ressorts qui ne lui firent jamais défaut : la Providence et la libéralité marseillaise, ouvre dans la rue de la Fare une maison de correction pour les jeunes détenus ; Dans le magnifique rêve de sa foi, il disputera au vice ses nombreuses victimes et la prison deviendra, pour les précoces coupables, un baptême de bons principes et de repentir. Le gouvernement, pourtant si peu chrétien de cette époque, ne peut qu'admirer l'initiative de M. Fissiaux, il fait plus, il vide les prisons, pour soumettre à sa refonte morale les jeunes pervertis qui les encombrent. La France entière a vu les merveilles opérées sur ces cœurs qui ne manquaient que de culture pour redevenir honnêtes : qu'il nous suffise de dire que 4030 jeunes détenus ont subi la douce influence de celui que leur reconnaissance appellait leur Père. Le nombre en fut devenu plus considérable encore, si la haine religieuse qui, depuis quelques années gouverne la France, n'avait arraché aux fils du Père Fissiaux une famille dont ils savaient si bien se faire aimer.

Ce multiple apostolat ne parvient point à absorber M. Fissiaux, la *maison de la Providence* conserve la meilleure part de son cœur et de sa sollicitude ; dans cette même année 1839 il en ouvre les portes à neuf sourdes-muettes, des aveugles y sont aussi admises, et pour les unes comme pour les autres, il pourvoit avec une tendresse paternelle à l'installation de précieuses méthodes d'enseignement, et à un travail qui assurera, pour plus tard, l'existence des infirmes. Ces recrues nouvelles portent à 160 les enfants de l'orphelinat.

En prévision d'un accroissement inévitable, M. Fissiaux rachète à la ville pour 2,000 fr. une part de terrain destinée à une rue à ouvrir et qui diminuerait de moitié le sol de la *Providence* en donnant à la partie habitée un voisinage incommode. La ville renonce à la voie projetée. « M. Fissiaux, dit-on au conseil municipal, nous fait faire tout ce qu'il veut; comment d'ailleurs refuser quelque chose à un homme qui ne nous refuse rien et qui nous aide si efficacement dans toutes nos épreuves? » Le Département accorde des bourses pour les sourdes-muettes, et pour les aveugles; la Ville des allocations pour ses pupilles, mais, qu'est cet argent pour une telle multitude d'enfants affamés? M. Fissiaux dit ses préoccupations aux fidèles conseillères de l'Œuvre et moins d'un mois après une splendide vente de charité, organisée par leurs soins, apporte du pain à sa nombreuse famille.

Mgr de Mazenod suivait avec une fierté bien légitime les succès du jeune prêtre, heureux de l'avoir choisi, plus heureux de le voir se dépenser auprès de tous. L'abbé Fissiaux obligé d'entrer en relations avec les pouvoirs constitués, les grandes administrations n'avait jusque là que l'autorité de son zèle, il fallait y ajouter celle d'une distinction rare à cet âge et qui ne fut jamais mieux méritée. Le 27 décembre 1839 le titre de chanoine honoraire de Marseille couvrait comme d'un manteau de maturité la jeunesse du prêtre, il disait surtout à tous, ce qu'aux yeux si perspicaces du grand évêque ce jeune prêtre pouvait valoir.

1840 allait procurer autant d'angoisses que ce que l'année précédente avait causé de douces émotions.

La calomnie vient disputer à ses orphelines la subsistance qu'il leur a péniblement assurée ; on se plaint de ce que les brodeuses nuisent à l'industrie privée ; on retire le travail sur la soie. M. Fissiaux frappé au cœur, ne se décourage pas, il se fait mendiant ; il substitue la couture aux autres genres de travaux, il va intéresser les marchands et les familles au sort de ses ateliers, il loue la légitime perfection de l'exécution des ouvrages confiés à ses orphelines ; en même temps il stimule les ouvrières; il veut que leur travail devienne irréprochable. De cette époque date la réputation à part conquise à vos ateliers pour les œuvres à l'aiguille.

Les Dames du Saint-Nom-de-Jésus, qui ont

répondu dès la première heure à l'appel du fondateur, le prient de chercher auprès d'autres religieuses un concours que leur congrégation naissante lui a prêté avec bonheur et avec le plus grand profit, mais qui, par l'extension même de ses entreprises, les écarte de la pensée première de leur institution. Belley avait alors pour évêque Mgr Devie avec qui M. Fissiaux devait avoir de si intimes relations ; il écrit et demande des sœurs de Saint-Joseph ; on lui répond un seul mot : « Impossible » mais ce mot, il n'a jamais su ni le prononcer, ni même le comprendre ; il commande une chaise de poste et part sur l'heure pour Belley. « Monseigneur, je viens chercher les Sœurs que vous me refusez, j'en ai besoin, et les chevaux ne seront dételés que quand vous me les aurez promises. »

Le lendemain, la chaise de poste prenait la route de Marseille, avec la Mère Alexandre et sa douce compagne. Elle portait, auprès du Père, radieux de son triomphe, les prémices de la Congrégation vis-à-vis laquelle, depuis 45 ans, l'orphelinat a contracté la plus douce de toutes les dettes, celle du cœur et de la gratitude.

Mais l'argent n'entrait point dans les caissons de la berline dont l'arrivée subite étonnait quelque peu les enfants à peine instruites du départ de leurs premières mères. M. Fissiaux en demande de divers côtés ; pour la première fois sa parole est moins entendue ; d'autres orphelinats se fondent, les sympathies semblent s'amoindrir, à mesure que s'efface le souvenir du fléau qui les fit naître : que souffrit alors le prêtre ? Il le raconte dans son rapport de 1841 en des termes qui arrachent des larmes, le courage va-t-il l'abandonner? Il songe à résigner ses fonctions de Directeur de l'orphelinat : la douleur le rend malade, et la caisse de la Trésorière se tarit en même temps que le travail dans les ateliers. Soudain Dieu l'inspire, il court à Paris : le trône n'a-t-il pas toujours été le suprême espoir des deshérités ? Il demande à voir le roi; vain espoir, plus vaine attente. Après deux semaines, qui lui paraissent des siècles, il peut entretenir Madame Amélie; bientôt les larmes de la reine se mêlent à celles du prêtre qui plaide pour ses enfants; la reine donne largement et promet de quêter sa famille; au repas qui suit la visite du mendiant marseillais, Louis-Philippe verse son offrande, les fils du roi font de même : la famille royale a bientôt réalisé 4,500 fr. et, comme il a toujours été de tradition dans les ministères d'imiter les souverains, dans ce même bureau où l'on avait éconduit M. Fissiaux, on lui promet un subside annuel de 2,000 francs pendant longtemps servi.

Les orphelines étaient sauvées, elles ne devaient pas laisser mettre en oubli les femmes de la *Madeleine* et les jeunes détenus. Pour donner plus d'extension aux ateliers professionnels, dans lesquels ceux-ci sont élevés, M. Fissiaux, avec une rare audace, achète au boulevard de la Madeleine un vaste emplacement, et il a si bien su se faire aimer à Paris, le gouvernement y apprécie tellement les résultats de moralisation obtenus par lui, que l'État lui prête une somme de 20,000 fr. pour opérer cette acquisition.

C'est que, pour réaliser ces transformations morales, M. Fissiaux n'est plus seul. Il a vu à la *Madeleine* ce qu'obtiennent le dévouement religieux et l'unité de vue; il veut des religieux pour diriger les jeunes détenus, et comme il n'en trouve point, avec son énergie habituelle, il en fonde, et la Providence, toujours si encourageante pour ses sublimes hardiesses, lui envoie de saints collaborateurs pour ce ministère, difficile entre tous, et pour lequel ils ont obtenu de si incontestables succès.

Fondateur presque sans l'avoir voulu, le P. Fissiaux emploie à peine un an à rédiger les règles de son institut agricole et professionnel, son cœur, pris par cette paternité nouvelle, ne trahit aucune de ses autres affections, et en 1843, il transfère dans une vaste propriété, rue Paul, en face de l'orphelinat, la Maison *de la Madeleine* pour les femmes détenues : c'est là que 2,900 femmes ou jeunes filles ont tour à tour admiré, jusqu'en 1861, ce que la foi peut mettre de compassion dans l'âme d'un prêtre et comment la vertu parvient à le revêtir d'une angélique prudence. Que de bien il y eût fait encore, si le gouvernement déjà ombrageux contre l'influence religieuse, ne lui eût pas disputé les brebis qu'il était allé chercher dans la fange ou dans les épines ?

Marseille n'était point seule à connaître le bien opéré par M. Fissiaux et par ses religieux ; le gouvernement savait, par les rapports annuels des inspecteurs, les merveilles journellement accomplies par cette congrégation née d'hier. La prison centrale d'Aniane, dans l'Hérault, était devenue ingouvernable : pourquoi, puisque le P. Fissiaux triomphait des jeunes détenus ne vaincrait-il pas les farouches habitudes des prisonniers ? En 1844 on l'appelle, ses religieux viennent s'y installer pendant deux ans, sacrifiant leur liberté pour sauver les âmes. Ils l'eûssent fait plus longtemps, si des passions occultes n'en avaient pris ombrage ; mais ce qu'ils y avaient souffert avait mûri rapidement leurs vertus, aussi, en 1845, le fondateur n'hésitait-il pas à se séparer de plusieurs d'entr'eux pour les accorder aux instantes supplications du roi de Sardaigne, Charles-Albert. Leur arrivée dans le *Pénitencier Saint-Charles*, à Turin, fut une fête qui se prolongea jusqu'à la fin de 1848 ; il faut lire les émouvants rapports annuellement présentés à la cour par le fondateur pour comprendre les prodiges qui s'y réalisaient au grand jour.

Il est vrai, que, pour les y multiplier, Dieu avait placé là un saint : Mgr Dupuch, le premier évêque d'Alger, ce cœur qui ne sut jamais compter pour ses dépenses, et qui sema, sur la terre de la conquête tant de labeurs et tant de larmes dont ses pieux successeurs recueillirent en partie l'abondante moisson. Mgr Dupuch, comme une précieuse épave, était venu s'échouer dans ce tranquille séjour du repentir. L'évêque, en rappelant aux âmes tombées les miséricordes du cœur de Jésus, oubliait l'ingratitude de la France qui l'avait abandonné en face de ses immortelles entreprises. Avant d'être promu à l'épiscopat, il avait excellé dans ce ministère des jeunes détenus, auxquels il avait ouvert à Bordeaux leur premier asile. Après son noble épiscopat, comme s'il sortait d'un rêve, il reprenait donc avec ses mains sacrées l'apostolat des Pénitenciers.

Le P. Fissiaux a souvent dit que l'amitié de ce prélat-martyr avait été l'exemple et la bénédiction de sa vie; il lui rendit hommage devant le roi de Sardaigne et le jeune chanoine honoraire d'Alger y parla avec délicatesse de celui qui, malgré tout, demeurera une pure gloire de l'Église Africaine.

Des motifs, qui échappent à cette étude, lui font rappeler de Sardaigne ses religieux. Il ne peut les refuser à Mgr Chalandon, devenu archevêque d'Aix; il avait, huit ans plus tôt, arraché, à son prédécesseur, pour les orphelines, les Sœurs de Bourg, par une riche compensation, il lui accorde ses filles. Ils installent dans le faubourg Saint-Jean, en 1849, un orphelinat agricole. La maîtrise capitulaire s'empresse d'y faire élever les pieux enfants, dont l'assistance et les chants réhaussent l'éclat des cérémonies à Saint-Sauveur. Dès ce moment, le P. Fissiaux devient chanoine honoraire d'Aix, et délégué de Monseigneur l'Archevêque au conseil départemental de l'instruction publique.

Nimes envie à Marseille et à Aix les fils du P. Fissiaux: en 1850 ils viennent fonder dans l'antique ville romaine un orphelinat industriel important; qui y a subsisté jusqu'à la fin de 1856.

Le bien qui s'y fait se divulgue au loin; un vénérable chanoine de Montpellier, M. l'abbé Soulas, y voit l'espérance d'asseoir solidement le Pénitencier *des Matelles* qu'il a fondé et dirigé au prix des plus grands sacrifices; il conjure le P. Fissiaux de l'y remplacer, et en 1852, il est heureux de l'y installer en maître. Cette substitution ne se prolonge guère, que pendant deux ans.

Mais le Pénitencier Saint-Pierre de Marseille, malgré ses larges dimensions, ne pouvait plus suffire, à abriter les détenus que le gouvernement y faisait refluer de tous les points de la France. Toujours prompt dans ses décisions, le P. Fissiaux, en 1853, va demander de la place à une propriété presque inculte.

Elle devait ne pas tarder, sous l'habile direction du Père, à conquérir un renom presque européen, c'est la ferme modèle de *Beaurecueil* près Aix, où 774 jeunes détenus ont été formés à la vie des champs qui purifie l'âme, fortifie le tempérament et occupe utilement l'esprit.

Tandis que les rochers abruptes de Beaurecueil se couvraient de ceps magnifiques qui émerveillaient les visiteurs, les regards du Souverain-Pontife Pie IX se fixaient avec une bien autre admiration sur la végétation puissante de la congrégation enfantée par le P. Fissiaux ; par ses fruits l'excellence de l'arbre avait été suffisament jugée et le Pape, ne prolongeant pas les 10 ans d'épreuves requis pour apprécier les fondations nouvelles, daigna, en septembre 1853, approuver, avec une bonté paternelle, les règles et constitutions de *l'Institut de Saint-Pierre-ès-Liens.* Par cet acte suprême, le P. Fissiaux, qui n'avait que 47 ans était rangé dans la glorieuse famille des fondateurs d'ordres. Il sentit, avec sa foi profonde, toute la grandeur de ce bienfait, il y puisa un amour plus embrasé pour l'Église, un besoin plus impérieux de répondre à ses encouragements maternels par plus de dévoûment encore.

Le premier mai 1854 lui voyait émettre, en la forme désormais approuvée, les vœux de religion ; un instant après, ses fils l'appelaient au labeur et à la gloire du généralat par une élection unanime.

La bénédiction du Pape fait surgir, s'il est possible, de nouvelles sympathies au P. Fissiaux, dans la société marseillaise ; son grand cœur, toujours si bien inspiré, quand il s'agit de reconnaissance, songe à rendre aux filles des Dames bienfaitrices de son orphelinat, une part de la charité que leurs mères prodiguent si largement aux orphelines. Que pourra-t-il donner à ces heureuses de la terre auxquelles ne manquent ni les charmes du foyer ni les dons de la richesse? La foi et l'éducation chrétienne lui apparaissent comme plus désirables encore que la fortune. Ouvrir un pensionnat où la maternité des soins se joindra à la perfection des méthodes et à la vigilance de la discipline, voilà ce qu'il veut procurer aux filles de ses associées. Pour bien apprécier sa pensée et le prix de sa fondation, qu'on se souvienne qu'à cette époque, en 1850, Marseille était loin d'offrir le spectacle si consolant de nombreuses communautés enseignantes, la loi du 15 mars, qui ouvrait une ère de liberté, était d'hier à peine, et le voilà, appelant les jeunes marseillaises dans un pensionnat rue Saint-Savournin aujourd'hui occupé par les Dames de la Compassion. Les familles se hâtent de lui confier ce qu'elles ont de plus précieux, l'âme de leurs jeunes filles ; il en devient le catéchiste et le père, tandis que les Sœurs de Saint-Joseph s'en montrent les dignes institutrices et les mères dévouées.

Là, comme dans toutes les fondations du P. Fissiaux, tant son influence attractive est irrésistible, l'encombrement ne tarde pas à se faire ; il faut penser à se trouver un asile plus vaste ; le Père qui voudrait avoir toutes ses œuvres sous la main, comme toutes sont dans son cœur, détache du sol du *Pénitencier* une large parcelle, il y fait élever par enchantement un pensionnat modèle, et prophétisant, avec cette intuition paternelle que donne l'amour à celles qui lui disent « Père, à vos » orphelines vous préférez les demoiselles. » « Non, » répondit-il, c'est parce que j'aime les orphelines » que je veux leur assurer des protectrices pour » quand je n'y serai plus. Les œuvres se multi- » plient à Marseille, les sympathies peuvent s'y » déplacer, mais les élèves du pensionnat grandi- » ront en aimant les orphelines et quand Dieu les » conviera au mariage elles formeront le recrute- » ment naturel des associées de la Providence. » Aussi dès ce jour, et comme nous avons la joie de le constater encore à cette heure, dans ces deux établissements si divers, les fêtes sont communes, les rapprochements sont incessants, et la maternité est la même. C'est l'année même de l'émission de ses vœux religieux que le P. Fissiaux dote notre ville, en 1854, de ce beau pensionnat où tant d'aimables et pieuses générations se sont succédées en se transmettant les pensées du fondateur.

Mais le genre que cette maison a dû prendre, pour répondre à la condition sociale des élèves qui la fréquentent, montre alors au P. Fissiaux dans l'action sociale exercée par lui à Marseille qu'il reste encore un vide à combler. Qui s'occupera des jeunes filles d'un rang plus modeste et pour lesquelles le contact avec des compagnes plus aisées créerait des goûts ou tout au moins des désirs difficiles ou dangereux à satisfaire ? Mieux vaut leur assurer la même éducation en leur évitant les inconvénients de ce voisinage périlleux ; de cette pensée sort en 1857, le Pensionnat de Roquevaire : La Congrégation de Saint-Joseph, répondant avec sa largeur ordinaire de vue, aux désirs du Père, y envoie ses religieuses, non-seulement pour y tenir une spacieuse maison d'éducation, mais encore pour diriger l'école communale et se consacrer aux pauvres malades de l'hospice.

Ne croyez pas que ces sollicitudes pour les jeunes filles détourneront le P. Fissiaux du but pour lequel sa famille religieuse a pris naissance : en 1859, tandis que le Pensionnat Saint-Joseph s'ouvre au boulevard de la Madeleine, un groupe de religieux de Saint-Pierre-ès-Liens va fonder à Ligny, dans une propriété dotée par le premier empereur, une colonie agricole où pendant 20 ans, terme du traité avec l'autorité civile, 478 orphelins ont reçu l'éducation la plus chrétienne et la plus affectueuse.

Deux ans après, en 1861, l'évêché de Fréjus conjure le P. Fissiaux d'accepter la direction d'un orphelinat de même nature à Lérins, dans l'île de Saint-Honorat. Il y avait de trop puissants souvenirs, sur cette terre imprégnée de sainteté, pour ne pas tenter son âme si croyante, et, pendant 10 ans, 40 enfants cultivent, sous le regard de ses religieux, ce sol que retournèrent jadis les moines si célèbres par leurs vertus et par l'héroïsme de leur martyre.

Appelé dans tant de pays divers pour visiter ses fondations multiples, le Père n'en est pas moins l'hôte de l'orphelinat, que dis-je? par un merveilleux stratagème, à coup sûr inouï avant lui, il se multiplie de telle sorte, qu'il réside effectivement dans chacun de ses établissements et paraît tout entier pour chacun. Dans l'un il couche, célèbre la sainte messe et déjeune, c'est l'orphelinat ; dans l'autre il accourt catéchiser, confesser et prendre son repas de midi, partageant souvent la récréation des enfants, c'est le Pensionnat ; le soir il est à Saint-Pierre, visite les ateliers, encourage ou punit, et, la nuit venue, il préside la lecture spirituelle de ses religieux, prend avec eux son souper, et revient à la Providence, veillant encore quand chacun dort, pour faire face à une écrasante correspondance, dans cette chambre, devenue par souvenir d'un tel habitant, la salle du Conseil.

Que cette correspondance ne vous surprenne point ; il y a autre chose que le fondateur sous le manteau à larges plis et à croix blanche du P. Fissiaux, il y a le correspondant du Ministère de la justice, qui le consulte dans toutes les questions moralisatrices, il y a l'agriculteur intelligent et au flair singulièrement délicat.

Nous n'avons pas le temps de vous le montrer sous cet aspect nouveau, sous lequel il a formé tant de précieuses relations et conquis de si honorables suffrages. Toutefois, notre étude serait par trop incomplète si nous taisions entièrement la part importante qu'on lui vit prendre dans les concours agricoles dont il était comme l'âme. *Membre du* jury, il étonnait par le caractère technique de ses connaissances ; *exposant*, il émerveillait par la nature hors ligne de ses produits. A ses yeux, exposer était un devoir. Il devait montrer au grand jour, disait-il, que le prêtre est l'homme de tous les vrais progrès et que ce qu'il embrasse il le mène à une perfection très grande, parce que à la compétence qu'y mettent les autres, il sait joindre le désintéressement et l'amour du devoir.

De 1843 à 1853 ses divers établissements agricoles ont remporté 1 médaille de vermeil grand module, 7 médailles d'argent, 3 de bronze ; en 1853, à Salon, 1 médaille d'or ; en 1854, une d'or, pour bonne tenue des cultures, 2 d'argent pour défrichement remarquable ; l'année suivante, à Avignon, 2 médailles d'or, 1er prix, l'une pour la race bovine, l'autre pour la race ovine, 3 médailles d'argent pour machines, 2 de bronze pour collections de lapins.

En 1875, la colonie de Beaurecueil, fidèle, après lui, à l'excellence de ses méthodes de culture, a reçu du Ministère de l'intérieur, une médaille d'or, hors concours, pour le meilleur emploi des eaux d'irrigation dans le département des Bouches-du-Rhône.

Mais, pour nous borner en détail à une seule exposition, rappelons à la hâte, qu'en 1861, dans celle qui eût lieu à Marseille, sur 415 numéros de lots exposés, 50 portaient le nom du P. Fissiaux, et sur quels étranges personnages ce nom vénéré n'apparût-il pas ? 1 laie, 1 porc de durham, 1 vache suisse de Schwitz, 4 vaches bretonnes, 1 bœuf noir breton, 6 lots de brebis, 4 mérinos, des coqs, des dindons, des paons, des oies, des pintades, et 17 espèces de lapins ; de l'huile, 3 qualités de vin, trois sortes d'instruments pour faciliter l'essor de l'agriculture et en rendre pratique l'usage à nos populations routinières, enfin le célèbre taureau *Jupiter* qui valut à son propriétaire de si justes félicitations. Que nous nous oublierions facilement et volontiers à vous peindre, le P. Fissiaux étudiant avec l'habileté d'un maquignon les dents d'un poulain, avec la connaissance d'un berger des Alpes les qualités nourricières d'une vache et, avec la sûreté d'une ménagère, les espérances d'une basse-cour. Nous préférons vous dire que prêtre, là comme partout, le P. Fissiaux, toujours digne au milieu de ces concours composés d'exposants de genres si disparates, était aimé et respecté de tous ; que s'il en profitait pour vendre ses produits agricoles qu'il allait offrir jusque sur la place de Cette, il s'en servait surtout pour mettre en honneur la religion qu'il y représentait, et tel exposant dont il avait su ravir l'estime, lui a dû, à son heure dernière, le pardon suprême et les espérances de l'éternité hélas oubliée durant une vie trop matérielle.

Beaurecueil n'était pas la seule exploitation agricole qui concourût aux expositions : l'orphelinat de *La Cavalerie* a eu aussi ses gloires. Fondé en 1854, dans le Vaucluse, près la Bastide-des-Jourdans, en vue d'isoler les détenus de 10 à 12 ans de ceux qui étaient plus avancés en âge, il les prémunissait contre un contact dangereux. Est-ce pour cela qu'à l'époque néfaste des décrets, la magistrature française n'a pas craint d'en fermer les portes, d'en disperser les paisibles enfants, ét d'en mettre l'humble chapelle sous des scellés qui la ferment encore ?

Le 3 décembre 1867, une affection au cœur vint tout d'un coup arrêter la nature ardente du P. Fissiaux. La mort seule pouvait suspendre cette activité toujours en éveil, mais pour lui la mort devait être prompte, rapide, spontanée, comme toutes ses œuvres. Dans la journée du 3, chacun de ses établissements avait reçu sa visite. A Saint-Pierre se faisait la retraite des religieux ; il y présida la lecture spirituelle, elle était sur la mort ; sa récréation fut aimable, la soirée douce et calme ; il se couchait à peine, quand, avant minuit, ayant eu tout juste le temps d'être réconforté par les sacrements administrés par l'un de ses fils, il expirait âgé de 62 ans.

Ses entreprises lui survivent, car la sève qu'il sut leur donner était surnaturelle et féconde : cette œuvre vieille de 50 ans et aujourd'hui si riche encore en sympathies qui ne se démentent point, en est la preuve ; les succès toujours grandissants du Pensionnat Saint-Joseph et de celui de Roquevaire l'attestent de leur côté. Quant à la famille religieuse du P. Fissiaux, sans se laisser abattre par des édits de proscription, en 1871, à l'appel de l'archevêque d'Avignon elle a accepté à Sainte-Anne un orphelinat agricole ; dans son local désert du Pénitencier Saint-Pierre, elle a charitablement abrité et élevé plus de 400 jeunes arabes, au lendemain de la famine qui désola l'Algérie. Le 1er juillet 1884 elle vient de répondre aux voeux de la municipalité de Barcelone, en entreprenant dans cette ville, la direction d'un Pénitencier qui compte plus de cent enfants ; et la maison du boulevard de la Madeleine, heureusement transformée, depuis que détenus et arabes lui ont été retirés, assure à 150 jeunes pensionnaires l'inappréciable bienfait de l'instruction chrétienne à très bas prix.

Ainsi se poursuit, sur des scènes diverses, et avec des instruments différents, la pensée qui ne cessa d'inspirer celui à qui la reconnaissance nous a fait consacrer ces lignes, en ce jour où sa mémoire domine toutes nos joies et tous nos souvenirs : *Se dépenser pour moraliser et sanctifier les âmes à quelque rang de l'échelle sociale que la Providence les ait fixées.*

Nîmes. — Imp. Lafare frères, pl. de la Couronne.

www.ingramcontent.com/pod-product-compliance
Ingram Content Group UK Ltd.
Pitfield, Milton Keynes, MK11 3LW, UK
UKHW020228180726
13838UKWH00005B/2250